V.-E. VEUCLIN

.LA

Réédification de l'Abbaye

DE BERNAY

EN 1686

BERNAY

IMPRIMERIE E. VEUCLIN

1888

(22)

V.-E. VEUCLIN

LA

Réédification de l'Abbaye

DE BERNAY

EN 1686

BERNAY

IMPRIMERIE E. VEUCLIN

1888

RÉÉDIFICATION DE L'ABBAYE

DE BERNAY

EN 1686

✝

« Devis des ouvrages de maçonnerie quil convient faire aux bastiments que les religieux de Labbaye de N^re Dame de Bernay prétendent faire pour la rédification et augmentation des lieux réguliers de leur monastère.

« Il convient premièrement et avant touttes choses abattre et démolir le refectoire, la cuisine, la chambre commune au dessus de laquelle estoit la bibliothèque, lescalier du dortoir et autres appartemens lesquels menassent ruine pour leur caducité, et pour éviter la perte de quantité de matereaux il fault avant touttes choses descarter touts les susd. appartements fers, les portes vitres et tout ce qui se poura conserver, puis descendre toutte la thuille à la main, touts les bois des combles planchers cloisons et transporter le tout en lieu commode pour aider à rebastir led. refectoire cuisine et infirmerie co^e il sera dict cy après. les murs seront aussy abbatus pierre à pierre pour la conservation de la pierre de taille et des autres matereaux qui en proviendront, touttes

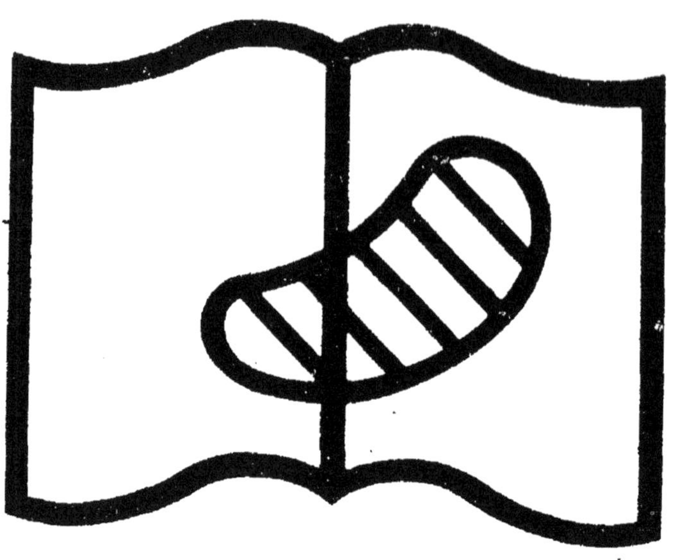

Original illisible
NF Z 43-120-10

les décombres séparez desd. pierres et
moelons transporteez ailleurs et touttes
lesd. pierres mises en monceaux à la place des bastiments rendue libre et nette
pour donner plus de facilité aux ouvriers
de prendre leurs mesures et alignements
des bastiments à réédifier suivant les plans
qui leur seront donnés par lesd Religieux
lesquels seront tenus et obligez de faire
touts et chaqu'un lesd. abbatis et démo-
litions à leurs frais et despens aussi bien
que les transports des décombres et matereaux qui en proviendront.

« Après quoy lesd. entrepreneurs commenceront de faire les foudements des
bastiments nouveaux, douvrir les tranchées de la largeur de six pieds et demy
pour les murs du réfectoire et de cinq
pieds et demy ou environ pour ceux de la
cuisine des pères, salle des hostes, escallier et autres bastiments, Et touts lesd.
foudements seront fouillées par lesd. entrepreneurs et à leurs frais et despens jusque sur largille on terre-ferme et solide
sans quil leur soit loisible de se servir des
vieils murs ou fondements qui se trouve-
roient dans les terres sans l'advis et con-
sentement desd. s^rs religieux qui feront
visiter par gens experts et cognoissant la
solidité du terrain avant que lesd. entrepreneurs commencent dy mettre ny po-
ser aucune pierre, et pour obvier aux dif-
ficultés qui pourroient naistre sera faict
un acte de la profondeur desd. fondements

avant que de les remplir de maçonnerie
lequel sera signé des uns et des autres
pour sen servir au temps du toisé géné-
ral, touts lesd. fondements ou quoy quil
en soit lesd. tranchées seront lesd. entrepreneurs seront remplies de bonne et
solide maçonnerie de gros moelons et libague avec de bon mortier de chaux sable vif et dune partie de ciment et plus
si faire se peut dans les endroits où il se
rencontreroit des eaux, toutes lesd. pierres
bien rangées assize par assize et non jetées sans ordre et de confusion depuis le
fond jusquau rez de chaussée qui se ré-
glera au niveau du carreau du cœur de
léglise. Bien entendu que lesd. terres qui
seront jetées sur le bord de la tranchée
par lesd. entrepreneurs seront aussi tenus
enlever aux frais desd. s^{rs} Religieux et
transporter dans les lieux les plus proches
et commodes. Et à légard des vieilles mu-
railles qui se rencontreront dans les terres en lalignement des fondements à faire lesd. murs seront rompus par lesd. entrepreneurs jusque sur la terre ferme sen-
tend seulement en tant quils emporteront
les fondements et non plus. Tous les fon-
déments des murs de refent seront pareillement fouillées et remplies par lesd. entrepreneurs de la largeur de trois pieds
et profondeur pareille à celle des longs
pans, en sorte quils seront posés sur la
terre neuve et solide estant nécessaire de
leur donner une seurreté esgalle aux

grands murs soit sans quoy ils les pousseroient au lieu de les soustenir. On prendra garde pareillement de faire des liaisons avec des longs grais ou libague aux endroits où lesd. murs se joindront avec lesd. pans. Il faudra pareillement eslargir les murs de refent aux endroits où se rencontreront les jambages des cheminées affin quils ne portent point à faux. Touts les matereaux seront fournis par les Religieux pour lesd. fondements et les ouvriers se serviront des outils qui sont à pnt dans le monastère sans quon soit obligé de leur en fournir dautres. La chaux sera esteinte à ladvenir aux despens desd. ouvriers ou entrepreneurs qui se serviront de celle qui est esteinte sans diminution du prix. Touts les fondements marqués dans les plans estants faits et rasées au susd. niveau du cœur de léglize et plus hault si on le jugeoit à propos seront toisées et couverts dun pied ou deux de terre pour les conserver pendant lhyver à la dlligence desd. entrepreneurs et à leurs despens.

« Au renouveau de lannée prochainne quon compte mil six cent quattre vint et sept, environ le mois de mars, lesd. entrepreneurs commenceront à travailler en nombre suffisant de bons ouvriers et non apprentifs tant pour la taille des pierres que pour la maçonnerie et la continuation desd. bastiments dont tout louvrage consiste à la façon dun escallier à repos dont

les marches auront cinq pieds de long
non compris leurs portées, six pouces de
hault et traize à quatorze pouces de largeur leur quart de rond filet et congé, et
sera led. escallier conduit jusquau grenier,
le chiffre du milieu sera faict avec pilastres et avec rampants et balustres dont
du tout les desseins et paneaux seront
baillez auxd. entrepreneurs.

« Ensuitte dud. escallier sera le refectoire qui aura vingt cinq pieds ou environ
vingt six pieds sous clef, La dispense et
vestibule dud. refesctoire sera vouté de
voutes darestes de mesme façon que led.
refectoire.

« Sera ensuitte led. bastiment composé
dune cuisine voutée avec pillier au milieu
dune despense sale pour les hostes et
et de trois chambres.

« Dans le retour desquerre faisant figure de pavillon il y aura en outre un escallier pareil au sud dans langle commun
des deux bastiments exposées au midy et
au couchant, le tout suivant quil est mar-
qué dans les plans qui en seront signés
par lesd. parties et dans la distribution
du premier estage dont la hauteur de vint
six pieds ou environ sera partagé eu deux
depuis lad. cuisine et lesd. bastiments en-
suittes destinées pour les infirmeries et
pour les hostes.

« Il faudra planter lesd. bastiments sur
deux rangs de carreaux de grais proprement piqués dont le premier aura quator-

ze à quinze pouces de hauteur et deux de lit pour le moins en observant de mettre des boutisses de trois pieds de long ou environ de toise en toise, le second aura un pied de hault et fera liaison sur led. premier rang, touts les coings auront au moins trois pieds de long et un pied et demy de lict et de lestat il faudra mestre sur lesquerre desd. coings et de touts les autres dans la suitte dud. bastiment de bons charges vingt pour les lier et affermir lesd. coings.

« Il faudra pareillement mestre des pierres dures dans les jambes des portes à tout le bas estage jusqua la hauteur de quatre assises aussi bien quaux jambes et courges des cheminées, les deux rangs de carreaux estant posées le reste sera et maçonné jusquau dessoubs de la première plinte qui sera posée à la hauteur de sept pieds, et lad. maçonnerie aura cinq pieds trois pouces despoisseur pour estre reduicts au dessus de lad. plinte à cinq pieds, lad. plinte qui régnera tout le long et à touttes les faces desd. bastiments à la réserve du costé du cloistre sera de pierre de Beaumont de neuf à dix pouces de hault et aura trois pouces de saillie et sera ornée dun filet et congé. Touttes les grandes croisées de la face exposée au midy seront égales en la figure extérieures et seront élargies sur lad. plinte avec retraittes de deux pouces ou environ de la largeur et hauteur exprimées dans les des-

seins en sorte que tous les jambages et
piédroits facent figure de chambranle ou
pilastre dun pied de large et seront entièrement de pierre de taille sur toutte
lad. espoisseur du mur faisants tant par
dedans que par dehors liaison à cheval et
de lantier et piedroits, estant
lesd. pierres refendues au default desd.
pillastres dun bon pouce et demy et rus-
tiguères dans la liaison du mur pour estre recouvert le tout et crespi co° la maçonnerie. Les couvertures desd. croisées
seront faictes de la mesme pierre de Beaumont et fermées au moins de sept claveaux aussi bien que les arrières voussures qui seront bombées suivant lelipse
des voutes. Et quoy que la cuisine et tout
le reste du bastiment des hostes naye pas
une hauteur égale au refectoire laquelle
doibt estre partagée en deux estages dont
le 1er aura quatorze pieds sous les solives,
le second unze pieds, et néantmoins lesd.
croisées de la façade entière seront dune
mesme hauteur pour garder lordre et cimétrie, la division qui se trouvera vis à
vis des planchers sera faicte et marquée
par une arcade qui sera reculée dans les
coinçon sans paroistre dans le tableau
quelle laissera libre aussi bien que la feuil-
lure pour placer la croisée de bois pareille
à celle du refectoire. Lesd. croisées auront dix sept pieds de hault ou environ et
touts les appuis et tableaux et claveaux.
lesquels seront couronnés dune seconde

plinte pereille à la première et régnera dans le pourtour desd. bastiments co° il est dict. Et les murs dud. refectoire et de la   auront entre les deux plintes cinq pieds despoisseur faicts avec bonne maçonnerie garnies dans les trumeaux de bons quartiers de grais ou gros libage en liaison en forme de chaisne pour les fortifier à lendroit des retombées et repoussées des voutes. On prendra aussi garde de mettre des potelles? plates? au dessus et au dessoubs des grandes lesquelles afleureront le bas et le hault des pilastres des croisées pour figurer des cadres ainsi quils sont marqués dans les desseins des façades.

• Les murs de lautre costé dud. refectoire avec le cloistre auront cinq pieds despoisseur jusque à la hauteur des voutes et dans lesquels seront posés les arachements et naissances desd. voutes à la hauteur de traize pieds ou environ en prenant garde de mettre un chapiteau terminé par le dessoubs de son architecture et console en cul de lampe à lendroit de chaque naissance tant dun costé que dautre et mesme dans les angles, lesd. naissances seront faictes avec de grandes pierres qui feront liaison daus le corps du mur et seront posées jusquà trois assises en tant de charge si faire se peut.

• Et à lesgard dud. mur qui regarde le cloistre on posera les socles bazes pilastres chapiteaux avec lesd. arières corps

le tout de lordre dorique, au nombre de
neuf espaces suivant les desseins sans y
comprendre les deux des angles et plus
du retour du bastiment qui sera vers le
couchant et dont on nen fera que jusque
et compris lescallier quant à présent, et
sur lesd. chapiteaux les naissances des
voutes seront posées au nombre de trois
asssises. En lad. décharge il y aura deux
portes correspondantes aux deux allées
du cloistre, à sçavoir une pour lescallier
qui sera au bout de l'allée du chapitre et
lautre pour le vestibule du refectoire, lesquelles auront cinq pieds de large et neuf
pieds de hault entre les tableaux avec
tout lornemènt coe chambranle architrave
frize corniche et fronton dud. ordre dorique.

« Les trois premières assises le socle
baze et tout ce qui sera en pierre de taille
sera de grais bien piqué ou de pierre dure, led. socle régnera tout le long dud.
cloistre dont il y en aura la moittié dans
terre. Il sera à propos pour lagrément dud.
refectoire de figurer des croisées par le
dedans esgalles à celles du costé du midy
et seront renfoncées de deux pieds et demy jusques au dessus du toict du cloistre
auquel endroit elles continueront destre
ouvertes entièrement coe les autres autant quen emportera la hauteur qui excé-
dera led. toict qui poura estre coupé et
mis en plate forme de plomb à lendroit
desd. croisées pour en pouvoir tirer plus
de jour.

« Pour ce qui est des murs tant de la cuisine que de lad. chambre des hostes et infirméries tant sur la face de midy que sur touttes les autres aussi bien que des deux escalliers ils auront trois pieds neuf pouces au rez de chaussée et seront réduicts à lendroit de la première plinte à trois pieds et demy et continuées avec fruit? jusquà quatorze pieds dans les faces où il y aura une plinte qui séparera lentresol davec le premier estage suivant les desseins de ces faces qui auront une plinte plus que la première exposée à laspect du midy et mesme retraitte par le dehors à lendroit de lad. plinte mais bien avec une retraitte de deux ou trois pouces par le dedans et conduite jusquau niveau de laire? du dortoir de la grosseur de pieds s'entend au dessoubs de lad. plinte car au dessus touts les murs seront réduits à deux pieds et demy tant du costé du refectoire que des autres au moyen des retraittes quil faudra faire tant par dedans que par dehors. [Et sur ce niveau de la seconde plinte de lad face qui sera la troiziesme dans les autres tant du couchant que du septentrion.

« Le dortoir et dernier estage sera planté et touttes les croisées soit grandes soit petittes seront estagées à plomb au dessus de celles du bas avec esccrincouer? de plorn? à la réserve des quattre croisées des bouts des pavillons qui commenceront dès le pavé pour donner plus de jour au corridors desd. dortoirs, et quoy que toutes les quelles ne servent pas auxd. dortoirs touttefois il sera nécessaire de les faire esgalles à raison de la cimétrie et de la proportion de la largeur avec la hauteur dicelles. Les fenestres des cellules qui seront reduites à trois pieds de large entre les tableaux seront fait embrazéz entre lescoinçon. Touttes les croisées de la face du couchant et du septentrion seront à plomb les unes sur les autres et esgalles en largeur est asavoir de quatre pieds entre les tableaux et aussi la face du couchant qui aura six croisées dans le bas et bout du dortoir. Celles du costé du septentrion seront esgalles suivant lexpression des plans et desseins des faces.

« A lendroit de lappuy desd. croisées cest à dire trois pieds au dessus de lad. plinte sera posé lappuy desd. croisées qui regnera sans interruption comme dict est, et sur iceluy sera encore fait retraitte dun bon pouce par dehors les jambes des croisées feront figure de pilastres faisant saillie dun bon pouce et demy. Les couvertures des petites croisées seront de cinq pierres et des grandes de sept claveaux, et co° les petittes ne seront si hautes que les autres lesd. claveaux seront conduits jusquau dessoubs de la dernière à lendroit et au dessus de laquelle les murs seront reduits au moyen des retraittes faites par dedans et dehors à deux pieds despoisseur et eslevez seulement deux pieds de hault au dessus de lad. plinte pour recevoir lentablement `qui aura quatorze pouces de_hault et autant de saillie sur lequel seront posées les lucarnes attiques et frontons marquez dans les desseins des élévations des faces avec les figures et ornements y spécifiées. Lesd. attiques auront vint pouces despoisseur en observant des retraittes par le dehors cᵉ montant en dedans à plomb avec escoinçons dulegue pour la commodité des fenestres et lucarnes.

« Il se fera en oultre un retour de bastiment qui sera comme   dun costé dud. cloistre vers le couchant pour faire un escallier de la mesme façon structure largeur et hauteur que le précédent dont il a esté parlé cy devant, lequel servira pour le dortoir les hostelleries et infirmeries.

« Touts les murs de refent seront fondées sur solide de la largeur proportionnée à leur grosseur cest à dire de trois pieds dans les murs reduicts au rez de chaussée à deux pieds et demy avec touttes les cheminées portes et ouvertures de chaque estage au désir du dessein et eslevés avec les gros murs sans les retarder ny advancer affin dy pratiquer lesd. liaisons nécessaires, et le tout faict avec bonne maçonnerie de chaux sable vif bons moelons cailloux gros grais dans le corpe des murs posée en chaisnes soubs poulies en touts les endroits où se rencontreront les charges et poussées, touts les coings refendus et taisant figures de pillastres conformément aux desseins, touts les murs des longs pans conduicts avec fruit et retraittes en dehors et dedans avec les réductions cy dessus dittes, toutte la taille générallement quelconque a sçavoir dans la face exposée au midy de traize grands vitraux dans lesquels seront compris les trois portes marquées dans le dessein délévaon et traize petittes croisées des cellules au dessus et des autres dun grand attique composé de trois fenestres avec ses ornements à la reserve de la sculpture et de quattre lucarnes.

« Toutte la taille du pavillon vers le couchant qui doibt avoir en la face vers lorient trois grands vitraux au premier estage et trois au second avec une lucarne au milieu et au bout des grands vitraux au premier estage, deux grandes au second et un attique composé de deux avec des ornements corniche et fronton au dernier.

« Touttes les cadettes au premier rang de touttes les plintes au moins de quattre, touttes les petittes plintes au dessus et au dessous dicelle figurant les cadres de maçonnerie dans les trumeaux et générallement toutte la taille de laditte face et pavillon qui doibt estre esgalle et uniforme en ce qui paroist de ce costé là, et dans le costé dud. pavillon qui sera ex-

posé au couchant du costé des Cordeliers
il y aura oultre lesd. rangs de carreau une
continuation de la première plinte servant
dappuy à six croisées de quatre pieds de
large et de huit ou environ de hault faisant mesme figure que les autres qui di-
visera les 1ers dans une manière dentre-
sol au second estage au dessus de laquelle il y aura encore six grandes croisées
avec un pareil nombre. Au dernier estage les plintes et appui continuées co° à la
première face aussy bien que de lentablement sur lequel il y aura au milieu un
attique avec deux fenestres et deux lucarnes. Dans le retour exposé au septentrion qui faict sur le jardin de quatre croi-
sees à chaque estage orné de touttes les
plintes et appuis des autres faces aussi
bien que de lentablement et dun attique
sur iceluy et la continuation sera lescallier.

Et à légard de ce qui respondra sur le
cloistre toutte la taille des trois portes
compris celle de lescallier des pilastres
avec lesd. ornemens des naissances des
voutes du cloistre dune plinte au niveau
du carreau du dortoir, dun appuy à la
hauteur de trois pieds au dessus et de
huict croisées de quatre pieds de large
huict pieds de hault au moins couronnés
au dessus des claveaux dune plinte et
dun entablement égal à lautre, au dessus
duquel il y aura quatre lucarnes en la
partie du costé du cloistre vers le

couchant, le retour qui sera denviron trois
toises pour lescallier il y aura une porte
du costé du jardin et une du costé du
cloistre sur lesquelles y aura des croisées
divisées par chaque estage co° aux autres avec touttes les plintes appuis entablement et lucarnes.

« Touttes lesquelles choses seront de
la pierre de Beaumont à la réserve des
articles spécifiez pour la pierre dure ou
grais. Touttes les naissances des voutes
du réfectoire seront de pierre dure autant
que faire se pourra. Touttes les portes et
coings doubles desd. murs et refents seront aussi de pierre de Beaumont à la reserve des trois premières qui pouront estre de grais. Touttes les marches des escalliers seront de pierre dure portant cha-
cune un quart de rond par le devant avec
un filét et congé taillés en touttes parts
et réglées par le dessoubs suivant la pen-
te des rampans. Touts les coings desd.
bastiments seront de pierre dure au moins
jusquau dessoubs de la première plinte
et le reste sera de pierre de Beaumont.
Toutte la susd. taille sera bien et deue-
ment faicte et générallement toutte celle
qui sera nécessaire par lesd. entrepreneurs posée et mise en place dressée poin-
toyée et ragrée proprement et toutte la maçonnerie crespie par dehors et renduictte
par dedans après que le comble de la
charpente sera posé et couvert, et touttes
les voutes darestes bien faictes et con-

duittes bien rondement et sans arest avec
arestiers de pierre choisie et la plus ferme quil se pourra trouver, et touttes les
voussures de mesme largeur que lesd.
arestiers taillées et ragréées proprement
et avec la coupe suivant le trait.

« La cheminée de la cuisine sera gran-
de et solide et toutte de pierre de taille.
Le pillier ou colonne qui soustiendra lesquelles voutes de lad. cuisine sera de pierre dure partout, la base et chapiteau de
lordre toscan, la naissance desquelles voutes sera aussi de pierre dure.

« Il sera aussi faict un esvier et con-
duict des eaux de la cuisine et générale-
ment tout ce qui concerne la maçonnerie
dud. bastiment bonté et solidité dicelle
seza faict de bonne foy par lesd. entrepreneurs quoy quil ne soit plus ample-
ment spécifié dans le présent devis, à charge de commencer les fondements incessamment jusquà ce quils soient achevés
à laquelle fin lesd. entrepreneurs fourniront de touts outils machines cordes cor-
dages bares traineaux douvriers et ma-
nouvriers tant pour faire lesd. ouvrages
que pour esteindre la chaux faire les mor-
tiers et les services nécessaires, et lesd. s^rs
relligieux fourniront de tous les matéreaux
co^e pierre de taille moelon grais sable ciment chaux dans lenclos de labbaye co^e
·aussi de touts les bois pour faire les cha-
faux de bouts traverses claies planches
si aucuns sont nécessaires. Et tout ce que

dessus sujet à visite dexperts dont les
parties conviendront à lamiable et à ga-
rantie suivant la coustume et moyennant
les prix et so* dont les parties conviendront pour chaque toise de maçonnerie
de six pieds en quarré à mesurer tout
droit et sans retour tant plein que vide à
la réserve des lucarnes attiques et fron-
tons qui mesureront à la pierre sans y
comprendre lespace qui se rencontrera entre chacqun desd. lucarnes et attiques.

(*renvoi*) « Et comme aussi les lieux
communs des hostelleries co^e ils sont
marquées dans les plans, et toattes les
susd. choses à charges et conditions que
lesd. entrepreneurs ne presseront point
lesd. ouvrages et ni travailleront quà proportion que lesd. religieux pourront fournir anx frais et autant que leurs facultés
le pourront permettre en sorte que si lar-
gent leur manquoit ils pourront faire ces-
ser lesd. ouvrages sans que lesd. entrepreneurs puissent prétendre aucuns do-
mages ni intérests estant préalablement
avertis deux mois avant le desistement. »

« Lan mil six cents quatre vingt six le lundy avant midy deux° jour de septembre, devant les nottaires soubssignés,

« Fut pnt révérend père dom Louis Ruffis relligieux selerier et procureur de labbaye de Nostre Dame de Bernay ordre de S¹ Benoist, Congrégation de S¹ Maur, faisant et stippullant pour la communauté Lequel a confessé avoir baillé à faire sous bonne visitation à Jacques Bayeux maistre maçon entrepreneur et tailleur de pierre demeurant en la paroisse de S¹ Denis du Boscguerard, viconté du Pontaudemer, estant de pnt en ce lieu de Bernay, à ce présent et acceptant qui a promis et promet et sest submis faire et parfaire les ouvrages en maçonnerie en pierre de taille au long contenu au devis cy dessus duquel a esté pareill¹ faict lecture et ont dit le bien entendre et comprendre touttes les clauses, charges et conditions dicelluy, pour commencer à travailler auxd. ouvrages dès à présent et continuer incessamment jusque à lentière perfection diceux.

« Ce marché fait auxd. charges et outre moyennant le prix et somme de huict livres par chaque toise payable au fur et à mesure que lesd. ouvrages advanceront, à la charge aussi de bailler aud. Bayeux une chambre garnie ou celier dans ceste ville de Bernay pour loger led. Bayeux et ouvriers, et que lesd. relligieux

fourniront de bois pour faire un becquet
qui sera faict aux despens dud. Bayeux
qui pourra en disposer à la fin de louvrage. Comme aussy lesd. relligieux fai-
ront faire touts les cintres des voutes à
leurs frais et despens, et fourniront les
bois nécessaires pour les estais dun
Dont du tout les parties sont ainsy à présent et demeurez dacord promettant de
part et dautre le pnt tenir ce à quoy lesd.
parties ont ob. scavoir led. revérend père relligieux le revenu temporel de leur
abbaye en tant coe frē le peult, et led. Bayeux tous ses biens, présence de Mᵉ Ro-
bert Hayer docteur en médecine et Mᵉ
Charles Hayer advocat demᵗ aud. Bernay
parᵉ Nostre Dame de la Cousture. Lecture faicte auquel Bayeux a esté promis
par led. révérend père relligieux pour le
vin du pnt luy livrer un thonnaut de
ou luy payer trente trois livres au choix
du sᵣ religieux p   . Estant convenu entre les parties qu'en cas que les sᵣˢ religieux fournissent aud. Bayeux du grés
picqué à leurs frais led. Bayeux sera te-
nu et obligé de diminuer auxd. pères religieux du prix de chacque thoise grées
soixante sols de manière que led. de
Bayeux naura que cent sols par chacque
thoise de grez pʳ dit.

Fr. Ruffy   Jacque Bayeux   Hayer
Hayer   Galloys   Chaignon

Cet important document nous apprend :

1° L'étendue des dégâts causés par les guerres de religion (1562-1590) aux bâtiments de notre abbaye (1), élevés dans les premières années du XIe siècle ;

2° Que les religieux supportèrent seuls les dépenses de la réédification de ces bâtiments ;

3° Que l'auteur du devis précité était un architecte consommé (2).

Les travaux, immédiatement commencés (3) et poussés vigoureusement, étaient terminés, pour le gros œuvre, l'année

---

(1) L'abbaye fut presque totalement brûlée, et pillée, par les huguenots, en 1562 et en 1590.

En 1618, l'abbé Dreux Hennequin avait commencé la restauration de ce monastère ruiné ; à cet effet, il passe alleu avec Germain Vasse, charpentier à Bernay, pour bâtir en charpente le cloître de l'abbaye ; uu second alleu est fait au même, le 21 septembre dite année.

Le 7 avril précédent, avait eu lieu un concordat entre l'abbé et ses religieux, lesquels demandaient la réformation de Saint Vannes (?) de Verdun et leur agrégation à cette congrégation : huit bénédictins figurent à ce concordat.

(2) Cet architecte fut, vraisemblament, Guillaume de la Tremblaye, bénédictin célèbre par ses travaux de sculpture et ses constructions monastiques ; il était alors en l'abbaye du Bec.

(3) Le 23 janvier precédent, les religieux bénédictins avaient fait alleu à Pierre Friard, de Bernay, pour charier, dans le jour de la S. Jean prochaine, tous les arbres qu'ils ont achetés d'une « fustaye »..., à Grandcamp ; le dit alleu fait moyennant la somme de 330 l. — (M. 76-77)

suivante. Une des gravures du *Monasticon Gallicanum* (1), datée de 1687, montre en effet l'abbaye de Bernay telle qu'on la voit aujourd'hui et qui est, selon la judicieuse expression d'un éminent archéologue, M. Raymond Bordeaux, un des beaux spécimens de *l'architecture bénédictine.*

Nous sommes heureux, grâce aux documents ci-dessus, jusque-là inconnus, de pouvoir rectifier une grossière erreur de date, rééditée et agrémentée dans la prétendue *Histoire* locale, couronnée *(sans rapport !!!)*, en 1874, par la Société libre d'Agriculture, Arts, Sciences et Belles-Lettres de l'Eure (section de BERNAY) laquelle a eu le tort de ne pas renouveler ce fameux Concours historique que nous avions naïvement pris au sérieux, mais qui nous a procuré la satisfaction de retrouver et sauver de l'oubli de nombreuses pages inédites et ignorées touchant le passé de l'antique cité que nous étudions avec amour depuis dix-sept années.

---

(1) La belle édition de cet ouvrage, publiée par M. Peigné-Delacour, renferme une vue de notre abbaye avant sa réédification.

M⁰ Jacques Bayeux, suivant l'adjudication à lui faite par l'Intendant d'Alençon, exécuta aussi les travaux de réparation de l'église Ste-Croix gravemeut endommageé, en 1687, par la chute de la flèche; sa dernière quittance est datée du 11 janvier 1692.

O

www.ingramcontent.com/pod-product-compliance
Ingram Content Group UK Ltd.
Pitfield, Milton Keynes, MK11 3LW, UK
UKHW021048120726
13693UKWH00006B/2493